# BANQUETS DÉMOCRATIQUES.

**EXTRAIT DU JOURNAL DU PEUPLE**

DU 5 JUILLET 1840.

PRIX : 10 CENTIMES

Au profit des Familles des Détenus Politiques.

# PARIS

**AUX BUREAUX DU JOURNAL DU PEUPLE,**

RUE DU CROISSANT, 10.

1840

# BANQUETS

# DÉMOCRATIQUES.

## EXTRAIT

*Du* JOURNAL DU PEUPLE *du 5 juillet* 1840.

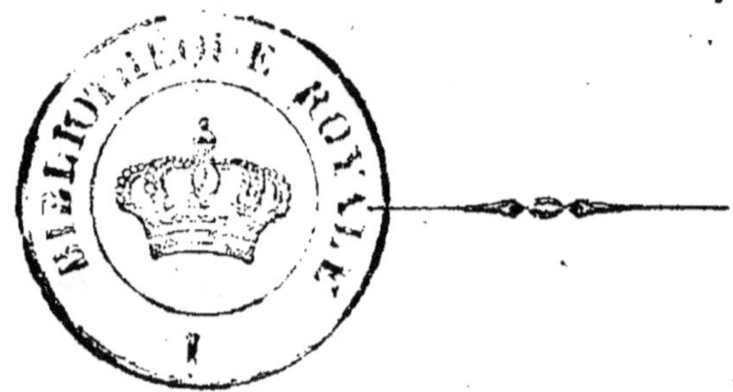

### 3<sup>me</sup> BANQUET DÉMOCRATIQUE.

Lundi dernier, 29 juin, des gardes nationaux et des citoyens réformistes du onzième arrondissement se sont réunis dans les salons des *Vendanges de Bourgogne*, Chaussée du Maine, à plus de deux cents ouvriers et étudians qu'ils avaient invités. Au noble habit des travailleurs se mêlaient le frac noir des élèves des deux écoles, des artistes, des écrivains, et les uniformes de toutes armes de la garde nationale.

Là encore, pas de cette profusion de mets et de vins qui ruinent la raison et la santé des riches oisifs ; le prix avait mis le banquet à la portée de toutes les bourses. Pas de ces drapeaux, de ces ornemens futiles, de ces orchestres qui bariolent et étourdissent les galas officiels : le culte des idées et des sentimens démocratiques était dans toutes ces ames jeunes et ardentes ; il n'avait pas besoin de symboles.

Lorsque tous les convives sont placés, M. Dupoty, rédacteur en chef du *Journal du Peuple*, prend la parole au milieu du plus profond silence :

« Mon premier mot, citoyens, doit être un appel à votre indulgence. J'en ai besoin, car la nécessité presque constante de penser seul et d'écrire dans le silence du cabinet donne peu l'habitude de parler à des assemblées, alors surtout qu'on veut y dire ce qu'on doit, tout ce qu'il faut, mais rien que ce qu'on peut dire...

Les membres de la commission qui a organisé notre banquet, qui a distribué les cartes d'invitation, ont bien voulu m'appeler à les présider. Je saisis l'occasion de les remercier de l'extrême obligeance qu'ils ont mise dans ce-choix provisoire.

Aujourd'hui, l'organisation de notre réunion est complète ; le banquet est préparé, et ici cessent des fonctions que je résigne ; car le choix de la commission ne pouvait engager le vôtre pour la présidence du banquet.

Il est donc, à cet égard une délibération pour laquelle je dois en appeler au principe toujours et partout applicable de la majorité :

Que ceux qui veulent changer la présidence se lèvent....

(Quelques citoyens qui, placés aux tables de l'extrémité du salon, s'étaient levés pour entendre, s'empressent de s'asseoir.)

A l'unanimité, la présidence est maintenue.

Veuillez, Citoyens, agréer avant tout l'expression de ma vive gratitude pour la bienveillance avec laquelle vous venez de ratifier le choix de vos commissaires.

Maintenant, pour poser le programme de notre banquet, j'invoquerai, mais en les expliquant, trois mots que nous regardons tous comme sacramentels : Liberté, Égalité, Fraternité.

Liberté, d'abord, mais tristement, hélas ! et nécessairement restreinte ici par les lois du moment.

Égalité, toujours indiquée par la nature, commandée surtout au milieu de nous par le bon sens.

Fraternité, oh! fraternité sans mesure ; là nous ne saurions aller trop loin. (Très bien.)

Félicitons-nous, Citoyens, de l'expansion qui étend au loin et multiplie chaque jour, de l'attraction qui chaque jour aussi resserre entre elles les mailles du réseau démocratique. Félicitons-nous de voir ces deux forces accroître et rapprocher de plus en plus tous les membres de la grande famille.

Oui, chacun sent que le patriotisme le plus intelligent, le plus sûrement progressif, est celui qui réunit les hommes pour les faire avancer ensemble, et non celui qui les divise, en enrayant la marche commune, par la résistance ou par l'élan de quelques uns. Chacun sent que nous devons nous relier par ce que nous avons de commun, et non nous trancher par ce que nous avons de divergent ; que nous devons rester à l'état de parti, et non nous subdiviser en sectes. (Marques d'adhésion.)

Faisons donc toujours preuve d'un véritable esprit politique, d'un esprit pratique. Défions-nous tous de nous-mêmes ; maîtrisons cette tendance à théoriser exclusivement dans l'avenir, cette tendance qui nous isolerait, si nous nous y livrions en supposant assis le triomphe de la souveraineté du peuple, au lieu de nous rallier par tous les moyens, dans le présent, pour l'obtenir...

Un de ces moyens, c'est la Réforme. Si le mot est dans toutes les bouches, c'est que le besoin de la chose est dans toutes les têtes, c'est que le désir est dans tous les cœurs ; chacun la veut, soit qu'il la regarde comme un but, soit qu'il ne voie en elle qu'un premier pas. Quant à nous : réforme politique donnant l'essor à une seconde réforme, la réforme sociale, sans laquelle la première, nécessaire comme transition, serait insuffisante comme résultat final : voilà où tendent tous nos vœux et tous nos efforts. (Approbation.)

Oui, le prolétaire : cultivateur, artisan ou soldat ; l'industriel, l'artiste, le savant, tout ce qui porte une tête saine et un cœur bien placé, appelle, dans sa position, dans sa spécialité, le jour où le droit commun s'élèvera sur les ruines du privilége. Tous invoquent le moment où le règne du seul mérite et de la moralité succédera à l'aveuglement du hasard, à l'arbitraire du favoritisme. Élection, responsabilité dans les degrés de la hiérarchie sociale : voilà les principes moraux, les principes sacrés dont nous voulons tous l'application.

Serrons-nous donc, en ce moment, citoyens, sur ce terrain légal.

Que les patriotes du parlement et de la presse, eux dont la tâche difficile est de chercher dans la légalité même des points d'appui pour déplacer et reconstruire cette légalité ; que tous y concourent de toutes leurs forces.

Quant aux classes les plus nombreuses, les plus utiles, et pourtant les plus pauvres ; quant à celles pour lesquelles le dictionnaire du privilége réserve encore si dédaigneusement ce mot de PEUPLE, que nous voulons, nous, appliquer à toute la nation ; quant à ces classes là nous ne parlons pas de leurs devoirs ; ils sont tracés, et elles les remplissent dès qu'elles connaissent leurs droits.....

C'est dans ces sentimens et dans ces idées, citoyens, que nous allons, je l'espère, à ce banquet fraternel, échanger et nos désirs et nos espérances. ( Applaudissemens prolongés. )

Vers la fin du repas, M. Dupoty reprend la parole :

Citoyens, voici l'instant de manifester nos vœux. Je vais successivement appeler à les exprimer ceux d'entre vous qui, de concert avec votre commission, ont régularisé le nombre et la nature des discours qui doivent être prononcés.

M. Rousset, graveur, officier de la garde nationale :

*A la Réforme électorale !*

Citoyens,

Des vices innombrables sans doute stigmatisent toutes nos institutions ; mais le besoin le plus pressant qui se soit fait sentir est celui de la réforme électorale. C'est du monopole qu'émanent tout à la fois les mauvaises chambres, les mauvaises lois et la détresse du prolétaire. Qu'est-ce donc qu'un peuple libre, où 200,000 citoyens seulement sur 33 millions sont appelés à nommer leurs représentans ? Il y a là anomalie : cette anomalie doit cesser.

Si nos pétitions sont restées sans effet, que des protestations calmes, graves, mais imposantes, mais énergiques, révèlent au pouvoir, dans la lutte qui s'engage, que la nation saurait conquérir les droits qu'on lui refuse. Unissons-nous donc ! .. Serrez vos rangs, étudians et prolétaires ; patriciens ou plébéiens ! qui veut peut... et tout doit fléchir sous la volonté du peuple ! ! !

Que ce banquet soit le gage, comme il en est le but, d'une indissoluble fraternité pour la conquête et la défense de la souveraineté nationale !

(Cette allocution est suivie d'une double salve d'applaudissemens.)

M. Delaunay, homme de lettres :

*A la Prudence qui prépare le succès ! à l'Audace qui l'obtient !*

Le mouvement qui emporte la société vers un meilleur avenir ne peut plus être arrêté ; mais nous ne doutons pas que le despotisme ne fasse tous ses efforts pour éloigner le plus possible cet heureux moment. Par ce qu'il a fait depuis dix ans nous pouvons juger de ce qu'il nous prépare. Au nombre des moyens qu'il a employés avec le plus de succès, nous signalons la provocation. Nul doute qu'il ne cherche à l'employer encore pour essayer de paralyser l'action réformiste, en jetant du désordre dans les réunions où elle se manifeste, et se donner ainsi un prétexte de les interdire. C'est surtout dans une réunion comme la nôtre que ce pouvoir doit se flatter de trouver des élémens d'irritation qu'il exalterait encore. Des ouvriers accablés des charges de la société ; des étudians à qui leurs lumières rendent si odieux cet amas d'abus qui forment notre organisation gouvernemen tale, et dont l'ardeur juvénile peut si facilement être poussée à l'extrême : quelle belle matière à exploiter pour les provocateurs !

Vous tromperez les espérances des ennemis de la liberté, ci- toyens, en montrant autant de calme et de dignité qu'ils atten- dent de vous d'emportement et d'exagération. Si , contre toute attente, quelque voix s'élevait dans cette enceinte qui excitât au désordre, nous saurions à qui elle appartient, et l'in- dignation unanime en ferait prompte justice.

*A la Prudence* donc ! en attendant l'heureux jour où nous pourrons dire : *Au Courage !* (Applaudissemens.)

**M. Dourille**, journaliste :

Citoyens ,

Je crois être ici l'interprète des sentimens de l'assemblée, en adressant des remercîmens à l'honorable citoyen qui la préside et aux commissaires qui ont organisé notre réunion.

Certains organes de la presse ont exprimé la crainte que le pouvoir des barricades voulût interdire ces manifestations pacifi- ques et légales ; je la crois mal fondée. Nous avons payé assez cher, je pense, le droit de nous réunir. Sans les rassemblemens de 1830, bien des grands seigneurs du jour seraient de pauvres sires (Bravos unanimes.).

Le calme qui régne parmi nous achèvera de montrer à la France s'il y a plus de dignité, d'ordre et d'avenir dans une réu- nion de prolétaires que chez les hôtes de Grandvaux !

Citoyens, voici mes vœux :

*A l'Union des patriotes du Peuple, de la Chambre et de la Presse, pour amener prochainement le triomphe de la souve- raineté nationale !*

Depuis la catastrophe du 9 thermidor, le peuple a tour à tour été exploité et compromis.

Bonaparte a profité de notre énergie révolutionnaire pour éle- ver des trônes.

Un ouragan déracina sa dynastie, et la trahison livra la France épuisée de sang et d'argent aux exigences des émigrés et de l'é- tranger.

Après quinze années de honte, les Bourbons , les infâmes Bourbons ont de nouveau été chassés de la France (Bruyantes ac- clamations).

Mais une révolution faite pour le peuple et par le peuple a pro- fité à d'autres. Nous n'y serons plus repris (Nouveaux applaudis- semens.).

Citoyens, depuis quarante ans nous engraissons l'agiotage et la prostitution ; l'amour effréné du luxe tend à corrompre la nation et insulte à l'honorable misère des travailleurs. Nous ne voulons pas l'égalité arithmétique de toutes les fortunes, nos ennemis seuls nous prêtent une telle absurdité ; nous voulons que la terre, en bonne mère, vienne en aide à tous ces travailleurs, car ils sont aussi ses enfans, et même les plus dignes ; les autres sont dégénérés.

Elevons notre drapeau où sont écrit ces mots : *Liberté ! Egalité ! Fraternité !*

Efforçons-nous, citoyens, de ramener à nous tout ce qui est probe, moral et laborieux ; souvenons-nous que nous sommes les sentinelles avancées du progrès, la tête de la civilisation européenne, l'espoir des opprimés qui attendent depuis si long-temps leur délivrance !

*A l'Union des patriotes du Peuple, de la Chambre et de la Presse !* Unis ils triompheront de tous les obstacles !... (Bravos redoublés.)

M. ADAM, chef d'atelier, garde national :

Citoyens !

Le bien-être de chacun ne peut être établi sur des bases solides qu'autant qu'il se rattache au bonheur de tous. Celui qui ne travaille pas dérobe au travailleur son existence, et doit être dépouillé de ses honteux priviléges par ceux dont il dévore la substance. L'ignorance, mère de tous les vices, a éloigné les hommes de ce principe : la lumière les y ramènera. Je propose donc ce toast : *Aux Progrès de la raison humaine, à la Réalisation des grandes idées égalitaires qu'elle a enfantées !* (Applaudissemens répétés.)

M. NOGUÈS, rédacteur du *Journal du Peuple* :

*A l'entière Liberté de la Presse ! A la Destruction du monopole de l'Imprimerie !*

Citoyens !

Une imposante solennité vient d'avoir lieu à Strasbourg. Maintenant Gutenberg a sa statue ! Gutenberg, l'inventeur de cet art révolutionnaire qui a dissipé une partie des ténèbres dont l'obscurité cachait aux peuples la liberté et l'égalité. Et cependant, au moment où de toutes les parties de l'Europe chaque localité envoie des représentans pris dans toutes les classes pour célébrer dignement le grand triomphe de l'humanité ; à ce moment, dis-je, étrange contradiction ! nous voyons l'imprimerie régie par le privilége, et la presse périodique gênée, comprimée dans son action civilisatrice par mille entraves que nos assemblées républicaines brisèrent, et que le despotisme impérial se hâta de rétablir pour mieux consommer l'œuvre d'iniquité. C'est dans ce but que le cautionnement, le timbre, le droit de poste et le monopole de l'imprimerie, ont été créés ou maintenus par tous les pouvoirs qui se sont succédé en France depuis quarante ans ; c'est dans ce but encore qu'un génie infernal enfanta les lois de septembre. (Applaudissemens de toutes parts.)

Le droit de penser est un droit naturel et imprescriptible, préexistant à toute loi humaine. Tout instrument qui propage la pensée doit donc être libre.

Croyez-vous que si la pensée avait été affranchie, le sort des classes ouvrières serait ce qu'il est? Citoyens, avec la liberté pleine et entière de la presse, le peuple aurait eu ses journaux comme la bourgeoisie ; et avec des journaux à bon marché, qui l'auraient instruit de ses droits et de ses devoirs, le peuple aurait conquis le bien-être qui n'a été jusqu'ici que le partage de ses oppresseurs. (C'est vrai ! Bravo !)

Il nous faut donc demander sans relâche la destruction de toutes ces lois qui enchaînent la pensée et s'opposent à la diffusion des lumières.

Alors le peuple aura bientôt la part de bénéfices qui lui revient de droit, la part dont on n'a pu le priver sans la plus flagrante injustice. Il est le pivot de la société ; ses avantages doivent être proportionnés à cette grande fonction.

*A la Destruction du monopole de l'Imprimerie! A la liberté complète de la Presse!* (Nouveaux applaudissemens.)

M. Lucas, commerçant, sergent-major de la garde nationale :

*Au Dévoûment et à la Modération, à l'Activité et à la Persévérance des patriotes réformistes, quelle que soit leur nuance!*

Citoyens,

Le but que nous nous proposons est grand, généreux, juste et moral: il tend à l'émancipation des prolétaires et à la destruction progressive de l'exploitation de l'homme par l'homme. Mais pour l'atteindre sûrement et promptement, il faut agir avec maturité et persévérance. Unissons donc nos efforts, citoyens, pour donner à nos réunions un caractère de gravité qui les fasse redouter et respecter à la fois.

Le principe pour lequel nous luttons est le même : c'est la réforme. S'il y a parmi nous des dissidences, elles n'existent que dans les moyens, et non dans le but.

Soyons unis, serrons nos rangs, combattons pour les seu principes. Que la modération et le dévoûment ne soient pas seulement dans nos bouches, mais dans nos cœurs, et alors par la réforme nous arriverons bientôt au double but que nous voulons atteindre : la liberté et l'égalité. (Applaudissemens.)

**Un étudiant en droit :**

*A la Fraternité des Etudians et des Ouvriers !*

Citoyens,

Confondons toujours dans un même accord la force et l'étude, le travail et l'intelligence ! (Vifs applaudissemens.)

Un ARTISTE dont nous n'avons pu retenir le nom :

*A nos Droits ! à nos Devoirs !*

Nos droits et nos devoirs nous ordonnent d'arrêter la corruption qui ronge au cœur la France officielle.

Ils nous ordonnent d'achever la grande régénération morale et politique sortie en 89 des ruines de la Bastille, et si fatalement étouffée par un soldat parvenu.

Ils nous ordonnent de nous resserrer comme nous le faisons aujourd'hui dans l'intérêt de la cause démocratique, et d'appliquer ce grand axiome social : *L'Union fait la force.* (Bravos! Oui ! oui ! )

**M. N. GALLOIS, homme de lettres :**

*Au 14 juillet 89 ! Au 10 août 92 ! Aux 27, 28 et 29 juillet 1830 !*

Citoyens !

Trois fois le peuple s'est levé ; trois fois il a terrassé ses oppresseurs. Invoquer cette triple victoire de la liberté sur le despotisme, c'est rendre hommage au principe révolutionnaire qui, depuis un demi-siècle, pousse la société vers un avenir meilleur. Réunis en cet instant pour renouveler, avec le calme d'une conviction inébranlable, nos vœux pour une réforme politique, dont la réforme sociale sera la conséquence et le complément, ne perdons pas de vue les grands enseignemens de l'histoire : mesurés ou violens, les efforts de la raison ne sont jamais perdus; tôt ou tard ils font luire le jour de l'affranchissement. Sans doute, des mains contre-révolutionnaires ont pu nous ravir les fruits de ces journées libératrices ; mais le principe n'en est pas moins glorieux; et eussent-elles été des défaites, il y aurait encore ingratitude de notre part à oublier que ce sont là de précieux souvenirs, de saints exemples.....

*Au 14 juillet ! Au 10 août ! Aux 27, 28 et 29 juillet !* (Applaudissemens redoublés.)

Un étudiant en médecine :

*Aux Martyrs de la démocratie! Aux Victimes de thermidor!
A Tous ceux de nos frères morts ou qui souffrent pour notre
sainte cause!*

Puissent le souvenir de leur sang versé et la vue de leurs fers
cimenter davantage dans nos cœurs l'horreur de l'oppression et
l'amour sacré de l'indépendance! (Bravos énergiques.)

M. BOIVIN, ouvrier :

*A l'Harmonie des démocrates anglais et français! A la Frater-
nité de tous les peuples !* (Marques unanimes d'adhésion.)

M. BASSET, étudiant :

*A l'Union de tous les démocrates ! A l'Abolition de tous les
priviléges fondés sur la naissance ou la fortune!* (Bravo ! nous
comprenons.)

En cet instant, le président annonce à l'assemblée la présence d'une députation de différentes armes des gardes nationaux patriotes de Belleville. Après avoir exprimé
toute la satisfaction qu'il éprouve à les voir ainsi fraterniser
avec les démocrates de Paris, il les invite à émettre leurs
vœux. Un de leurs officiers se léve alors et s'exprime
en ces termes :

Citoyens,

Le principe pour lequel le peuple français n'a cessé de com-
battre depuis 1789, est celui de la souveraineté nationale; c'est
pour ce principe que s'est faite la révolution de 1830. La souveraineté nationale n'est pas un mot vide de sens, mais bien une
réalité positive, prouvée et démontrée par la triple expulsion des
Bourbons. Il est temps enfin que le peuple exerce légalement cette
souveraineté, et voilà pourquoi le mot *Réforme* retentit d'un bout
de la France à l'autre. Si tous les membres de la société travail-
lent indistinctement à assurer la prospérité commune; s'ils sup-
portent les charges publiques, ils doivent participer, en nommant
ceux qui les représentent, à la direction des affaires. La réforme
n'est pas seulement une justice mais une nécessité. Elle nous
mettra sur la voie pour soulager le malaise qu'éprouve le peuple
et détruire ces milliers d'abus qui nous dévorent.

*A la Réforme radicale!* (Vifs applaudissemens.)

M. BLAIZE, avocat :

*A l'Armée d'Afrique!*

A la mémoire de nos frères morts en combattant pour la
France dans les champs de l'Algérie!

A cette nouvelle génération militaire qui, par son patriotisme, son dévoûment, son courage héroïque, rappelle les vertus de nos vieilles phalanges républicaines!

A ces braves qui, après la conquête pour la patrie et la civilisation d'un nouveau territoire, après tant de combats, tant de sacrifices, ne trouvent pour récompense de leurs nobles efforts qu'une mort glorieuse, mais stérile! Tristes victimes de l'incapacité, de l'incurie des chefs, et qui sait, citoyens, peut-être « d'une haute et infâme trahison »! (Tonnerre d'applaudissemens. Trois fois de suite les bravos éclatent et se prolongent.)

LE PRÉSIDENT :

Permettez-moi, citoyens, de résumer par un toast les principes que j'invoquais en commençant, et que vous venez d'appliquer avec tant de bonheur.

*A la Liberté* ! A la liberté légale, mais quand la loi est, par délégation, l'expression de la volonté de tous !

*A l'Egalité* des droits et des devoirs politiques et sociaux en principe; et, en fait, à toutes les institutions, à tous les moyens démocratiques qui peuvent en amener la réalisation !

*A la Fraternité* ! Ce sentiment moral qui échauffe et seconde l'intelligence pour conquérir le bon et le vrai !

Liberté ! Egalité ! Fraternité ! (Applaudissemens prolongés.)

M. le docteur LESSERÉ , capitaine de la garde nationale, vice-président du banquet :

Ce dernier mot, citoyens, nous impose un devoir.

Il est de nos frères que l'ardeur de leurs convictions a précipités dans les geôles de la royauté.

Loin d'eux, privés du secours de leurs bras, leurs mères, leurs sœurs, leurs femmes et leurs enfans, languissent torturés non seulement par la plus vive affliction, mais encore par la plus affreuse pénurie...

C'est en faveur de ces malheureuses familles que j'invoque vos secours. Citoyens, veuillez rester à vos places, les commissaires vont parcourir nos rangs pour recueillir nos dons fraternels. (Bravos prolongés.)

Au moment de fermer la séance, les convives expriment par acclamation le vœu de se séparer au chant de *la Marseillaise*. Le président monte alors sur son siége, entonne la strophe : *Amour sacré de la patrie!* et tous les convives, debout sur les bancs, se serrant les mains avec effusion, agitant leurs chapeaux en l'air, répètent avec un enthousiasme impossible à rendre le refrain énergique de l'hymne républicain.

Les salons du banquet sont à l'instant abandonnés. Les commissaires envoient dans les diverses prisons, aux détenus politiques, la moitié des mets préparés pour le festin, et cette masse de citoyens, groupés par quatre ou cinq, redescendent à Paris dans le plus grand ordre.

## QUI VEUT LA FIN DOIT VOULOIR LES MOYENS.

Chaque arrondissement aura au moins son banquet réformiste et démocratique. Il en est même qui en auront plusieurs. Aux manifestations du 10e et du 12e arrondissement vient de succéder une démonstration improvisée dans le 11e.

Des manifestations du genre de celles dont nous venons de donner l'esquisse, sont trop significatives et par les élémens qui les composent, et par la manière dont elles s'accomplissent pour que nous ne regardions pas comme un devoir de les porter à la connaissance de la capitale et des populations de nos départemens.

Quel progrès en effet dans les vrais moyens de conquérir ce que nous voulons! quelle nouvelle leçon pour le pouvoir!

Qui n'aurait senti son cœur s'épanouir en voyant, après tant de dissidences maladroites, des écrivains démocrates, sous l'épaulette de la milice citoyenne entraîner dans une même harmonie et avec le même calme ces enfans du peuple aux bras robustes et ces étudians aux cœurs impatiens; en voyant trois cents patriotes pris dans ce que le parti a de plus avancé et de plus énergique, penser et agir comme un seul homme! Là cependant aucune notabilité constituée ne commandait la circonspection à cette police ordinairement si prodigue de provocations et de coups de collier quand elle croit pouvoir en courir les chances. Livrés d'une part à la seule autorité de la raison, et, de l'autre, en présence des appréhensions qu'avaient données le banquet du surlendemain, appréhensions si heureusement démenties, les prolétaires ont senti qu'ils étaient responsables devant le parti démocratique, devant le pays tout entier, de l'attitude de leur réunion. Ils ont senti que le moindre trouble dans l'une de ces grandes manifestations pourrait paralyser toutes celles qui devaient la suivre. Pour arriver à cette fin, ils ont adopté avec empressement les seuls moyens à prendre. Quelle que fût l'envie que tous auraient eu de prolonger leurs manifestations et de leur donner toute latitude, ils ont senti que la première condition d'ordre à la fois et d'unité était que la substance, les termes et le nombre des discours fussent délibérés entre leurs auteurs et les membres de lacommission du banquet, et réglés en commun non seulement d'un point de vue radical, énergique, mais encore avec cette prudence que donne la connaissance de nos lois, si cruellement compressives de la pensée. Ils ont senti que les toasts ne pouvaient pas être pesés à l'improviste par des commissaires dispersés pour leurs fonctions, et pourraient encore moins être acceptés ou écartés par l'arbitraire personnel du président. Ils ont senti que la valeur ou plutôt l'effet réel de ces manifestations n'était nullement dans le huis clos, mais bien dans la possibilité du retentissement par la presse. Ils ont senti qué, parlant et agissant au grand jour, il fallait compter avec cette impérieuse nécessité, sans laquelle, du reste, aucun homme probe et raisonnable ne voudrait accepter la responsabilité morale, politique et même légale d'aussi graves manifestations. Ils ont senti enfin qu'en dehors de ces mesures, des centaines de citoyens pourraient se trouver à la merci d'un imprudent ou d'un agent provocateur qui se serait glissé parmi eux. Quelle autre preuve voulons-nous de la sagesse qui a tout conduit à bien, et de la fusion qui a réuni les idées et les sentimens de l'assemblée, que ces toasts énergiques portés à la Réforme par des officiers de la garde nationale, et cet appel à la modération par un des hommes d'action les plus déterminés.

A cet égard même nous soumettrons au président du banquet une observation que nous croyons juste d'abord, et utile ensuite, dans l'intérêt des manifestations qui se feront encore à Paris et dans les départemens.

Dans de semblables réunions un toast, une allocution, un couplet même, prononcé ou chanté par une seule personne, permet de distinguer et de réprimer, s'il y a lieu, toute manifestation isolée qui serait marquée au cachet de l'inconvenance, ou deviendrait dangereuse. Mais le tumulte, le bruit qui résultent d'un chant répété par des centaines de voix animées, peuvent laisser accès à des cris dont il serait impossible de connaître la source; et (comme, avec la meilleure envie, l'autorité ne peut agir sans avoir au moins un prétexte), pourraient amener l'intervention de la police ou de la force armée.

Nous soumettons ces réflexions aux patriotes, car là où il ne s'agit que d'aller, en fait de protestations verbales, jusqu'où on peut aller sous l'épée draconienne des lois de septembre, il faut faire trop pour faire assez si on veut atteindre la mesure.

De notre circonspection qui, loin de l'exclure, prépare et seconde l'énergie, qu'on n'aille pas conclure à de la faiblesse.

Qu'on ne conclue pas davantage de notre compatibilité pour les nuances réformistes, à l'abdication de notre individualité comme parti.

Non, le parti démocratique doit absorber tous les partis doctrinairement socialistes, qui, au lieu de rester franchement et raisonnablement au milieu de la lutte politique, s'endormiraient en vue de l'avenir ou voudraient s'imposer dans le présent.

Et quoi qu'en disent les Fouriéristes de *la Phalange*, tour à tour anti-politiques et ministériels, le dogme de l'ORGANISATION POLITIQUE DU PAYS PAR LE PAYS est à la fois un dogme théorique et pratique.

Car, une fois établi, il accueillera l'expression des utopies les plus anticipées.

Et il encadrera celles qui, d'après les mœurs et l'intelligence nationales, pourront immédiatement se traduire en faits, c'est-à-dire entrer dans les institutions et dans les lois.

※◉※

## 4<sup>me</sup> BANQUET DÉMOCRATIQUE.

Douze cents citoyens réunis à Belleville ont réfuté de la manière la plus éclatante les fausses prévisions que l'annonce de ce banquet avait fait naître. L'attitude calme et noble de cette nombreuse assemblée en faisait le spectacle le plus imposant. On comptait à ce banquet environ soixante gardes nationaux en uniforme, dont cinq à six officiers, appartenant entre autres aux 3<sup>e</sup>, 5<sup>e</sup>, 6<sup>e</sup>, 7<sup>e</sup>, 9 et 12<sup>e</sup> légions. Ces gardes nationaux étaient répartis entre diverses tables, et on leur avait déféré le soin de veiller au maintien de l'ordre. On remarquait parmi les convives quelques hommes de lettres, d'anciens militaires décorés ; mais le plus grand nombre appartenait à la classe ouvrière. Plusieurs centaines de personnes qui avaient souscrit, n'ont pu, faute de place, être admises dans la salle du banquet.

Les premiers toasts, portés par des gardes nationaux, ont été ! *A la Pologne et aux Polonais* ! quelques représentans de cette héroïque et malheureuse nation étaient présens , et l'un deux a remercié avec effusion l'assemblée de la sympathie cordiale avec laquelle ces toasts avaient été accueillis.

Parmi les autres toasts , on a remarqué les suivans ;

*A l'Abolition de la peine de mort* ! *à l'Union et à la concorde à la Sympathie pour les détenus politiques* ! *à la Réunion des patriotes par le sentiment révolutionnaire* ! *à la Montagne* !

La police, d'un côté, la malveillance de l'autre, n'ont pu trouver aucun prétexte pour troubler l'harmonie et la dignité de cette réunion. Le luxe des précautions prises, les patrouilles, les troupes casernées, la cartouche au fusil, tout a été inutile.

Il doit être maintenant démontré pour les moins clairvoyans que les démocrates sont bien décidés à ne pas permettre qu'on travestisse leurs intentions, ni qu'on fausse les solennelles manifestations de l'opinion populaire. La réunion de Belleville a donné plus d'une preuve de cette ferme détermination; non seulement par l'énergie de sa contenance elle échappe aux critiques des ennemis extérieurs de la démocratie, mais, dans son propre sein, elle n'a pas souffert qu'on dénaturât son caractère démocratique. Malgré certaines vues toutes spéciales qui s'étaient efforcées d'absorber cette manifestation au profit d'une coterie, et malgré les moyens employés pour en venir là, elle a repoussé les efforts de quelques meneurs qui semblaient voir dans les citoyens assemblés des sectaires de je ne sais quelle mystique théorie de fausse égalité, maladroitement empruntée aux travaux de Babeuf, de Fourier, et d'autres célèbres utopistes. Oui, les démocrates sentent qu'on peut admirer sincèrement ces grands hommes, qu'on doit même étudier leurs ouvrages, qui recèlent tant de bonnes choses, mais qu'il faut se garder, comme l'a très bien fait la réunion de Belleville, de prendre leur nom pour drapeau et leur système pour évangile. Aussi l'assemblée a-t-elle accueilli avec enthousiasme tous les toasts portés, sous diverses formes, à *l'Egalité*, et à la *Fraternité*, et a-t-elle eu soin de rétablir le mot de *Liberté*, oublié par quelques orateurs. Aussi les énergiques applaudissemens donnés aux toasts proposés en faveur des souvenirs et des sentimens révolutionnaires ont-ils manifesté la vraie tendance d'une assemblée qui n'a voulu se séparer qu'après une collecte au profit des familles des détenus politiques.

Le principal orateur du bureau, dont l'intonation trahissait une récente habitude de cette chaire catholique vainement rebadigeonnée par l'abbé Chatel ; de cette chaire que nous avons défendue en face du pouvoir au nom de la liberté des cultes, mais que nous ne prisons guère davantage que d'autres tréteaux; le principal orateur du bureau, disions-nous, a fait de vains efforts pour attirer l'assemblée dans une autre direction. Les convives ont témoigné leur étonnement d'entendre dans la salle d'un banquet un langage d'église et de respirer à table un parfum de sacristie. Ils ont bientôt montré qu'ils n'avaient pas cru venir au prêche et qu'ils voulaient une manifestation politique. Les principaux organisateurs du banquet ont dû être bien trompés dans leur attente, s'ils avaient calculé sur la solennité de la réunion pour entourer de quelque éclat leurs obscures tentatives; pour transformer le parti populaire, qui veut arriver, par le grand chemin de la politique, à la pratique sociale de l'égalité, de la liberté et de la fraternité; pour le rapetisser enfin jusqu'à l'état d'une secte qui voudrait prêcher ou imposer une doctrine prétendue égalitaire, d'une secte qui n'admet pas seulement la communauté des travaux, mais la communauté des jouissances !

S'il est vrai, comme le disent les feuilles ministérielles, dynastiques, constitutionnelles, légitimistes, et comme ne manqueront pas de le dire les écrivains Fouriéristes, qui s'entendent si bien avec ces divers journaux; s'il est vrai (ce qui n'est rien moins que prouvé) que deux citoyens qui se disent démocrates, aient au milieu de ces manifestations porté un toast *à l'Abolition de toute propriété*, et un autre *à la Communauté des biens*, ne tenez pas compte de ces deux phrases mal digérées dans la tête de quelques sectaires. Ne voyez dans ces toasts que les principes de l'immense majorité qui veut d'abord *l'organisation du pays par le pays*, pour obtenir ensuite, sans l'imposer par la force à la volonté nationale, *la meilleure organisation possible de la propriété*; d'une majorité qui ne prend pas pour formules *de la meilleure répartition possible du bien-être et de la liberté*, des mots mal définis, mal compris et interprétés plus mal encore.

Que cette expérience serve de leçon à une centaine de jeunes gens qui se sont trouvés fondus dans ce millier de convives amenés là par l'instinct de réforme. Ils ont dû apprendre que lorsqu'on réunit douze cents citoyens de toutes les professions, de tous les âges, dans un but politique, il ne peut sortir autre chose d'une telle assemblée que l'expression d'un sentiment démocratique.

<hr>

## RÉPONSE AUX JOURNAUX DYNASTIQUES.

Cette semaine les journaux dynastiques ont, à tour de rôle, attaqué le parti démocratique, et prétendu classer les divers groupes de ce parti en les opposant les uns aux autres. *Le Courrier français*, qui a donné le signal, n'a pas été heureux dans son invention et dans sa graduation des nuances. Selon lui, les trois écoles radicales seraient : « le radicalisme parlementaire, qui prend pour devise : *Tout garde national est électeur;* le radicalisme de la place publique, qui veut le *suffrage universel;* et la foule qui, descendant en ligne directe de Babœuf, ne vise à rien moins qu'au renouvellement de la société et à la communauté des biens.»

Si ces messieurs daignaient quitter les anti chambres ministérielles pour venir au milieu du peuple, ils verraient mieux les choses.

Ils verraient qu'il n'y a réellement en France que deux partis : le parti des capitalistes et propriétaires, et le parti des travailleurs ; le parti des maîtres et le parti des ouvriers ; le parti des privilégiés et le parti populaire ; le parti aristocratique et le parti démocratique.

Le premier de ces deux partis, bien qu'il se fonde sur les intérêts de 500 mille Français, tout au plus, se fractionne en un nombre infini de divisions, depuis les rêveurs qui espèrent le retour au passé de l'absolutisme, jusqu'aux monarchistes qui accepteraient volontiers la république, pourvu qu'elle fût constituée par et pour les capitalistes et les propriétaires. Il n'y a pas long-temps, les journaux qui nous attaquent, le *Courrier Français*, le *Temps*, le *Siècle*, ont assez clairement prouvé, par leur commune soumission, que ces divisions entre les royalistes n'étaient pas profondes.

Le parti démocratique, dont les doctrines et la conduite politique intéressent tous les prolétaires, c'est-à-dire tous les Français moins cinq cent mille, le parti démocratique s'occupe de travaux divers, car il a fort à faire pour lutter contre les priviléges et les lois compressives des moindres actes de liberté; mais il a aussi son unité, que tout le monde est bien forcé de reconnaître quand on dit le *parti démocratique*.

Il y a des démocrates qui ne voient exclusivement que l'obstacle, et qui veulent avant tout le détruire. Ceux-là sont à divers degrés ou révolutionnaires ou réformistes purement politiques ; mais ce sont des démocrates. Ils ne se préoccupent pas de ce que fera la démocratie pour l'intérêt des travailleurs, mais ils veulent la démocratie. Il y en a d'autres qui, tout aussi réformistes ou révolutionnaires, s'inquiètent de l'œuvre sociale de la démocratie : dira-t-on que ceux-là ne sont pas démocrates ?

Le parti a aussi ses rêveurs ; rêveurs qu'il faut respecter, car ceux-là rêvent l'avenir, et souvent le préparent. En faut-conclure qu'il y a division absolue entre eux et le parti? Non. Seulement si leurs doctrines se rejetaient absolument vers l'avenir, et niaient le milieu social, elles ne pourraient plus former que des sectaires, qui se sépareraient du parti sans l'affaiblir. Pour servir un parti, les théoriciens doivent songer au temps présent. Les démocrates professent que le peuple seul est assez fort et assez bon pour choisir la vérité qu'il lui faut, au milieu de toutes les illusions individuelles Ils ont recueilli comme héritage de la Révolution française, et ils conservent religieusement cette devise, qui doit rallier tous les hommes : Egalité, Liberté, Fraternité.

Imprimerie LANGE LÉVY et Cⁱᵉ rue du Croissant, 16.